BEI GRIN MACHT SICH IHR
WISSEN BEZAHLT

- Wir veröffentlichen Ihre Hausarbeit,
  Bachelor- und Masterarbeit

- Ihr eigenes eBook und Buch -
  weltweit in allen wichtigen Shops

- Verdienen Sie an jedem Verkauf

Jetzt bei www.GRIN.com hochladen
und kostenlos publizieren

Marketing als betriebliche Funktion

Lea Göttert

Bibliografische Information der Deutschen Nationalbibliothek:

Die Deutsche Nationalbibliothek verzeichnet diese Publikation in der Deutschen Nationalbibliografie; detaillierte bibliografische Daten sind im Internet über http://dnb.d-nb.de abrufbar.

ISBN: 9783346568953
Dieses Buch ist auch als E-Book erhältlich.

© GRIN Publishing GmbH
Nymphenburger Straße 86
80636 München

Druck und Bindung: Books on Demand GmbH, Norderstedt Germany
Gedruckt auf säurefreiem Papier aus verantwortungsvollen Quellen

Das vorliegende Werk wurde sorgfältig erarbeitet. Dennoch übernehmen Autoren und Verlag für die Richtigkeit von Angaben, Hinweisen, Links und Ratschlägen sowie eventuelle Druckfehler keine Haftung.

Das Buch bei GRIN: https://www.grin.com/document/1163814

HAUSARBEIT MARKETING ALS BETRIEBLICHE FUNKTION

Studiengang: MBA Digital Transformation

LV / Modul: M8LV1

Name: Lea Göttert

Datum: 18.11.2021

Inhaltsverzeichnis

Abbildungsverzeichnis

Sjurts, Insa (o.J.) Windowing, Wirtschaftslexicon Gabler, online, abgerufen am 04.12.2021 auf https://wirtschaftslexikon.gabler.de/definition/windowing-52640

1 Einleitung

Diese Hausarbeit dient dazu die klassischen 4 Ps des Marketing (Price, Product, Promotion und Place) zu untersuchen und die Veränderung der Begriffe durch die Digitale Welt zu erläutern. Dabei werden ebenfalls Erweiterungen betrachtet, welche im Rahmen der Digitalisierung von Bedeutung sind.

Des Weiteren wird die Distributionspolitik von Walt Disney betrachtet. Ein besonderes Augenmerk liegt hierbei auf der Film- und Unterhaltungssparte und der damit zugrunde liegenden Vermarktungsstrategie. Hierbei dient die Einführung des Streaming Dienstes Disney+ als wesentliches Beispiel.

2 Was ist Marketing?

Um die 4 Ps des Marketing zu untersuchen, wird zunächst darauf eingegangen wie der Begriff Marketing im allgemeinen verstanden werden kann. Hierbei kann Marketing als unternehmerische Denkweise angesehen werden, mit welcher das Unternehmen sich an den Bedürfnissen des Marktes ausrichtet. Hierbei ist die größte Herausforderung zu erkennen, welche Bedürfnisse und Veränderungen des Marktes derzeit im Vordergrund stehen. Mit Hilfe von Marketing versuchen Unternehmen die Nutzensteigerungen zu identifizieren und auch den Nutzen für den Kunden nachhaltig zu erhöhen. Somit ist das Marketing ein Leitkonzept der Unternehmensführung, um verschiedene Bezugsgruppen des Unternehmens in Einklang zu bringen. Hierbei sind nicht mehr nur Kunden als Bezugsgruppe zu sehen, sondern auch beispielsweise Anteilseigner, Mitarbeiter oder der Staat.[1]

Hierzu bedienen sich Unternehmen verschiedener Strategien, wie beispielsweise den 4 Ps (Produkt, Price, Promotion und Place), welche im Nachfolgenden noch genauer erläutert werden. Diese dienen zum Beispiel dazu die absatzpolitischen Ziele des Unternehmens zu erreichen. Dabei ist Marketing als großes Ganzes zu sehen, welches verschiedene Aktivitäten miteinander in Einklang bringt. Es bedingt nicht nur den Absatz, sondern auch die Interaktion mit den verschiedenen Beteiligten, sowie auch Werbung und Vertrieb auf verschiedenen Wegen und das Image.

---

[1] Vgl. Kirchgeorg (o.J.) online

3 Die vier Ps des Marketing

Um die klassischen vier Ps des Marketing Price, Product, Promotion und Place zu erörtern werden diese zunächst definiert.

Dabei lässt sich sagen, dass die 4 Ps auf ein Konzept von E. Jerome McCarthy aus dem Jahr 1960 zurückgehen. Hier wird das Zusammenspiel der einzelnen Ps untereinander erläutert und die strategische Umsetzung durch Pläne und Taktiken beschrieben.[2]

3.1 Price

Die Preispolitik ist wichtig, um den idealen Preis zu ermitteln. Hierbei müssen die Herstellungs- und Vertriebskosten sowie der Kapitalaufwand für jedes Produkt sorgfältig ermittelt werden. Um den höchstmöglichen Gewinn zu erzielen muss auch die Marktsituation betrachtet werden, um wettbewerbsfähig zu sein. Hierzu sollte nicht nur eine Zielgruppe definiert werden, sondern es sollte auch Kenntnisse über deren Kaufkraft, Gewohnheiten, Vorlieben und ähnliches gewonnen werden.[3]

3.2 Product

Die Produktpolitik umfasst alle Bereiche, Tätigkeiten und Prozesse, die mit der Produktgestaltung zu tun haben. Hierbei geht es sowohl um die Vermarktung von Produkten und Dienstleistungen, als auch um die Weiterentwicklung bereits bestehender Produkte. Hierbei ist die detaillierte Planung des Produktes das A und O. Es sollten die speziellen Anforderungen der gewählten Zielgruppe an das Produkt besondere Berücksichtigung finden. Bei der Entwicklung des Produktes kann das Augenmerk beispielsweise auf Material, Funktionalität, Qualität, Design und Service gelegt werden. Auch die Marke und das Image können eine bedeutende Rolle spielen.[4]

---

[2] Vgl. Heubel (2019) online
[3] Vgl. BWL- Lexikon (o.J.) a online
[4] Vgl. BWL- Lexikon (o.J.) a online

3.3 Promotion

Bei der Promotion beziehungsweise Kommunikationspolitik sollen durch Maßnahmen, wie zum Beispiel Marketingkampagnen viele Menschen, auf ein Produkt aufmerksam gemacht werden. Hierbei kann zwischen Offline- und Onlinemarketingmaßnahmen unterschieden werden. Offline-Marketing umfasst beispielsweise persönliche Kommunikation, wie beispielsweise bei einem klassischen Verkaufsgespräch, aber auch Radio- und Fernsehwerbung oder Plakate und ähnliches. Bei Online-Marketing sind die Kommunikationswege beispielsweise Social-Media, Newsletter, Mailings oder Suchmaschinenwerbung. Ebenso zählen Rabatte, Probierstände oder Gewinnspiele zur Promotion.[5]

3.4 Place

Die Distributionspolitik, oder auch Vertriebspolitik genannt, beschäftigt sich mit der Frage, welche Aktivitäten um den Vertrieb notwendig sind, damit das Produkt den Kunden erreicht. Dabei unterscheidet man indirekten-, direkten Vertrieb und Franchising. Beim indirekten Vertrieb erfolgt der Vertrieb über Vermittler. Hierbei bekommt der Vermittler für den erfolgreichen Verkauf meist eine Provision. Hierbei profitiert der Hersteller dann von dem bereits vorhanden Vertriebsnetzwerk des Vermittlers. Bei der Vertriebsform direkter Vertrieb verkauft der Hersteller das Produkt direkt. Dafür muss er ein eigenes Vertriebsnetzwerk aufbauen. Eine Mischform stellt das Franchising dar. Ein weiterer wichtiger Punkt beim Thema Place ist der Verkaufsort an sich. Es kann ein stationärer Vertrieb gewählt werden oder ein Onlineshop betrieben werden. Möglich ist auch eine Mischung aus beidem, um mehr Kunden erreichen zu können.[6]

3.5 Zusammenspiel der vier Ps

Die zuvor beschriebenen vier Ps des Marketing sollten nicht einzeln betrachtet werden. Um das Marketing als großes Ganzes sehen zu können, ist es wichtig die 4 Ps ebenfalls als Zusammenspiel untereinander zu sehen. Dabei sollten sich Unternehmen dessen bewusst werden, dass es wichtig ist, sich darüber im Klaren zu sein, welches Produkt, zu welchem Preis, an welchem Ort angeboten werden soll und wie der Kunde hiervon erfahren soll. Dabei kann die Gewichtung je nach Strategie ganz

---

[5] Vgl. BWL- Lexikon (o.J.) a online
[6] Vgl. BWL- Lexikon (o.J.) a online

unterschiedlich aussehen. Hierbei ist vorstellbar, dass ein Unternehmen, welches ein Produkt vornehmlich online verkaufen möchte, auch vornehmlich online hierfür Werbung schaltet. Ebenso könnte es sein, dass ein Unternehmen mit einem lokalen Shop seine Werbung auch lokal schaltet und beispielsweise auf lokale Radiosender oder Printmedien zurückgreift. Hierbei gibt es viele verschiedene Ansatzpunkte, welches jedes Unternehmen für sich und seine einzelnen Produkte selbst definieren und individuell festlegen sollte.

4   Erweiterung auf sieben Ps

Die bereits bekannten vier Ps des Marketing wurden weiterentwickelt und auf sieben Ps ausgeweitet. Zu den bekannten vier Ps, die Price, Product, Promotion und Place beinhalten, kommen Personnel, Process und Physical Facilities hinzu. Dies ist der Fall, da mittlerweile ein größeres Augenmerk auf Service gelegt wird und dieser damit mehr Bedeutung gewonnen hat und daher ergänzt wurde.[7]

4.1   Personnel

Die Qualität von Dienstleistungen hängt maßgeblich vom Personal ab. Hierbei ist nicht nur das äußere Erscheinungsbild, sondern auch das Auftreten und die Fachkompetenz der Mitarbeiter von wesentlicher Bedeutung. Hierbei gibt es auch eine Wechselwirkung zwischen Mitarbeiterzufriedenheit und Kundenzufriedenheit. Ist der Mitarbeiter zufrieden überträgt er dies auf den Kunden und umgekehrt.[8]

Da dies auch einen wesentlichen Einfluss auf die Außenwirkung hat, ist dies ein wichtiger Punkt in der Erweiterung des Marketingmixes.

4.2   Process

Die Prozesspolitik beschäftigt sich beispielsweise damit, wie kundenorientiert die Geschäftsprozesse sind. Dies ist wichtig, da sie erheblichen Anteil an der

---

[7] Vgl. BWL- Lexikon (o.J.) b online
[8] Vgl. BWL- Lexikon (o.J.) b online

Kundenzufriedenheit haben. Die Kundenzufriedenheit wirkt sich dann wiederum auf die Weiterempfehlung aus.[9]

Gerade im Zeitalter der Digitalisierung ist es besonders wichtig einfache, kundenorientierte und einfach zu bedienende Prozesse zu nutzen um dauerhaft konkurrenzfähig zu sein.

4.3 Physical Facilities

Die Ausstattungspolitik beschäftigt sich zum Beispiel damit, welche Auswirkungen die Ausstattung beispielsweise darauf hat, wie ein Kunde anhand dessen die Qualität einschätzt. Ist eine Verkaufsstelle beispielsweise hochwertig ausgestattet, schließt ein Kunde eher auf Qualität. Dies beeinflusst seine Kaufentscheidung. Ebenso haben die Lage und die Verkehrsanbindung einen Einfluss auf die Kaufentscheidung. Sogar die Art des Gebäudes und die Beschaffenheit von beispielsweise Umkleidekabinen haben einen erheblichen Einfluss.[10]

5 Zwischenfazit

Das Grundgerüst des Marketingmix in Form der vier Ps, welches bereits 1960 entwickelt wurde, bildet auch nach wie vor einen wichtigen Grundstein bei der Marketingstrategie. Durch die fortschreitende Digitalisierung waren jedoch weitere Ergänzungen erforderlich. Diese weiten den Marketingmix auf sieben Ps aus. Sie berücksichtigen die weiteren Bedürfnisse der Kunden und beziehen sowohl subjektive, als auch technische Gegebenheiten mit ein. Diese Erweiterungen sind notwendig, um in der fortschreitend Digitalen Welt konkurrenzfähig zu bleiben. Hierbei stellen die zunehmende Informiertheit der Kunden durch die digitalen Medien, sowie die zunehmende Ortsungebundenheit eine große Herausforderung dar.

Diese lässt sich auch beispielsweise dadurch erkennen, dass der Onlinehandel immer weiter zunimmt. Man informiert sich zum Beispiel online wie der Preis für das gleiche Produkt bei einem anderen Shop ist oder wie der jeweilige Händler von anderen Käufern bewertet wurde. Dann wählt man das passende Angebot. Früher, bevor die Digitalisierung so weit fortgeschritten war, war dies undenkbar. Um an ein Produkt zu

---

[9] Vgl. BWL- Lexikon (o.J.) b online
[10] Vgl. BWL- Lexikon (o.J.) b online

kommen musste man seinen lokalen Händler aufsuchen. Die somit entstandene größere Konkurrenz führt zu mehr Auswahl und macht es für die Händler erforderlich zu agieren, um sich von der Konkurrenz abzuheben. Dadurch gewinnen die in den sieben Ps erfolgten Erweiterungen zunehmend an Bedeutung.

6 Case Studie Walt Disney

Im Nachfolgenden wird die Distributionspolitik von Walt Disney erläutert. Dabei wird das Hauptaugenmerk auf den TV– und Videomarkt gelegt. Es werden auch, die „Windowing-Strategie" sowie die Einführung des Streamingdienstes Disney+ betrachtet.

6.1 Die Walt Disney Company

Die Walt Disney Company (auch Disney genannt) ist ein US-amerikanischer Medienkonzern der 1923 gegründet wurde. Seine Gründer heißen Walt und Roy Disney. Der Name des damals gegründeten Unternehmens lautete Disney Brother Cartoon Studio. Das Unternehmen Walt Disney hat im Jahr 2020 rund 203.000 Mitarbeiter beschäftigt. Das sind 20.000 weniger als im Vorjahr. Jedoch arbeiten bei Disney immer noch mehr Mitarbeiter als noch vor 10 Jahren. Im Ranking der 50 größten Medienkonzerne belegt das Unternehmen Platz vier nach AT&T, Alphabet und Comcast.[11]

Zu der Filmsparte des Walt Disney Konzerns gehören beispielsweise die ABC Studios, Pixar, Animation Studios, Lucasfilm und die Marvel Studios. Disney hatte im Geschäftsjahr 2021 einen Umsatz von rund 67,4 Milliarden US-Dollar. Dabei hatte das Segment Linear Networks mit 28,1 Milliarden US-Dollar den größten Anteil erwirtschaftet. Disney nahm im November 2019 den Betrieb der Streaming Plattform Disney+ auf. 2021 belegte Disney+ bei den Streaming Diensten bereits Platz drei hinter HBO und Netflix.[12]

---

[11] Vgl. Weidenbach (2021a) online
[12] Vgl. Weidenbach (2021b) online

6.2 Die Distributionspolitik von Walt Disney

Die Distribution ist eines der vier Ps nach E. Jerome McCarthy aus dem Jahr 1960. Sie ist als Place, neben Promotion, Price und Product Teil des Marketingmixes.

Die Distributionspolitik repräsentiert dabei die Orte an denen Disney seine Produkte an den Kunden bringt. Dies geschieht im Fall von Disney in den Unterhaltungsmedien, Massenmedien, dem Einzelhandel oder beispielsweise auch in Parks und Resorts. Dabei bedient sich Disney der Orte Kino, Disney-Läden, Offizielle Websites, Apps, Lizenznehmern und anderen Parteien, wie Telekommunikationsdienstanbieter und anderen.[13]

Hier zeigt sich, dass die Walt Disney Company direkte und indirekte Vertriebswege nutzt. Diese wurden bereits in den vorhergehenden Kapiteln beschrieben. Direkte Vertriebswege von Disney sind beispielsweise Kino, Läden oder auch Parks. Indirekte Wege sind Streamingdienste, Apps oder Websites.

6.3 Windowing-Strategie

Die Windowing Strategie ist eine Strategie, um das selbe Angebot ohne Veränderung mehrfach vermarkten zu können. Dazu werden verschiedene Trägermedien, Vertriebskanäle oder Verwertungsfenster (sogenannte Profit Windows) verwendet. Besonders bekannt ist diese Strategie im Bereich Filme und Medien. Hier wird beispielsweise der Vertrieb zuerst über Kinos, danach über Trägermedien wie DVDs, dann über Pay TV oder Streamingdienste und dann im Free-TV vorgenommen. Zusätzliche Kosten fallen hier jedoch für die unterschiedlichen Marketingmaßnahmen der verschiedenen Vertriebswege an. Bei internationalen Filmen fallen Zusatzkosten für die Synchronisation an.[14]

Wie sich das Windowing im zeitlichen Ablauf darstellt, wird anhand der nachfolgenden Grafik erläutert. Im Bereich Kino gibt es eine relativ hohe Zahlungsbereitschaft. Die Bereiche Kino Inland und Ausland laufen allerdings immer öfter parallel, um eine größere Aufmerksamkeit der Medien zu erlagen. Die Vermarktung per DVD hat dann beispielsweise schon weniger zahlungswillige Kunden. Mit dem steigenden zeitlichen Verlauf sinkt auch die Zahlungswilligkeit kontinuierlich. Oft überlappen sich

---

[13] Vgl. Williams (2019) online
[14] Vgl. Sjurts (o.J.) online

verschiedene Bereiche, da sie einen wechselseitigen Bezug zueinander haben. Daher werden sie auch hin und wieder gemeinsam oder parallel beworben. [15]

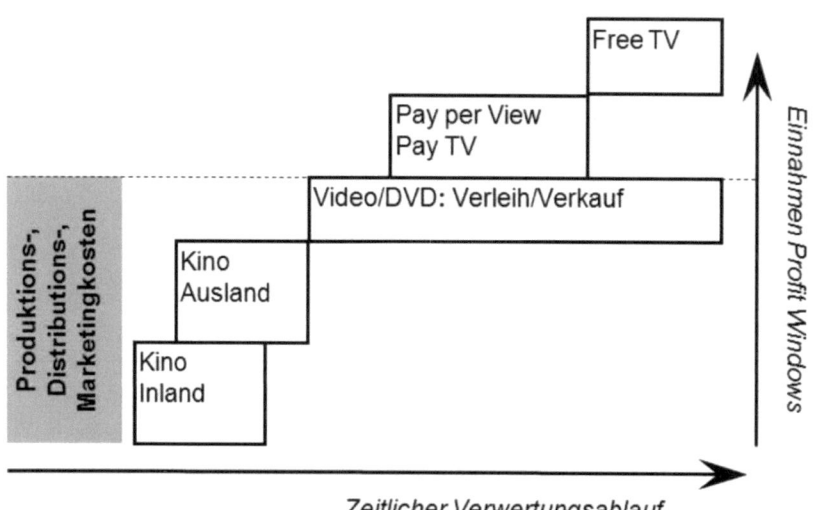

Abbildung 1: Idealtypischer Ablauf des Windowing[16]

6.4 Auswirkungen von Windowing auf die Walt Disney Company

Die Walt Disney Company nutzt diese Strategie zur Vermarktung ihrer Filme. Zuerst werden diese über die Kinos vermarktet. Danach werden die Filme über Streaming Plattformen wie die Disneyeigene Plattform Disney+ vermarktet. Zuletzt sind die Filme dann im Free-TV zu sehen.[17]

---

[15] Vgl. Sjurts (o.J.) online
[16] Vgl. Abbildung 1: Idealtypischer Ablauf des Windowing (o.J.) online
[17] Vgl. Herbig (2021) online

6.5 Die Einführung von Disney+

Disney+ ist ein Streaming-Dienst der Walt Disney Company, welcher 2019 eingeführt wurde. In Deutschland ist Disney+ seit 2020 verfügbar.[18] Mit der Einführung eines eigenen Streaming-Dienstes ändert Disney seine Unternehmensstruktur und weitet sein Portfolio aus. Durch die Corona Pandemie hat Disney mit starken Einbußen rechnen müssen, da es Unternehmenszweige in der Kino- und Themenparkbranche hat. Durch die Einführung des Streaming-Dienstes können die Verluste in der Kinobranche teilweise aufgefangen werden.[19]

Ein weiterer Vorteil der Einführung des Streaming-Dienstes ist es, dass Disney den direkten Vertrieb und Kundenkontakt herstellt und die Daten somit aus erster Hand erhalten kann. Hierdurch erhält Disney weitere Daten, die zur Weiterentwicklung dieses potenzialträchtigen Geschäftsfeldes genutzt werden können.

7 Fazit

Das Unternehmen Walt Disney Company ist ein breit aufgestelltes Unternehmen, welches es schafft sich weiterzuentwickeln und durch die Einführung eines eigenen Streamingdienstes weitere Wertschöpfungsquellen der Filmbranche zu nutzen weiß. Durch die direkte Vermarktung können beispielsweise durch das Windowing Prinzip weitere Einnahmen generiert werden. Dabei macht sich Disney sein positives Image zu Nutze. Dadurch, dass Disney nicht nur Kinder und Jugendliche, sondern auch Erwachsene weiterhin an sich bindet, hat es eine sehr große Zielgruppe. Hierdurch ist das Gewinnpotenzial sehr groß. Auch die breit aufgestellte Distributionspolitik des Unternehmens trägt zum Unternehmenserfolg maßgeblich bei. Besonders wichtig ist es, dass Disney sich stetig weiterentwickelt und dadurch Potenziale erkennt. Diese können durch die durch den Streamingdienst gewonnen Daten weiter ausgebaut werden.

---

[18] Vgl. Finkel (2020) online
[19] Vgl. Schuster, (2020) online

Literaturverzeichnis

BWL- Lexikon, Marketing Mix 4Ps (o.J.) a, online, abgerufen am 27.11.2021 auf https://www.bwl-lexikon.de/wiki/marketing-mix-4ps/

BWL-Lexikon, Marketing Mix 7Ps (o. J.) b, online, abgerufen am 03.12.2021 auf https://www.bwl-lexikon.de/wiki/marketing-mix-7ps/

Finkel, Simone (2020), Disney+ im Überblick: Streaming Dienst jetzt verfügbar – alle Infos, Focus, online abgerufen am 05.12.2021 auf https://www.focus.de/digital/disney-plus-deutschlandstart-streamingdienst-jetzt-verfuegbar-alle-infos-im-ueber-blick_id_11699336.html

Herbig, Daniel (2021), Disney: Weitere Filme für 2021 kommen zuerst in die Kinos, Heise online, abgerufen am 04.12.2021 auf https://www.heise.de/news/Disney-Wei-tere-Filme-fuer-2021-kommen-zuerst-in-die-Kinos-6190397.html

Heubel, Martin (2019), Die 4Ps des Marketing-Mix verständlich erklärt, online abgeru-fen am 03.12.2021 auf https://smartmarketingbreaks.eu/was-ist-der-marketing-mix/

Kirchgeorg, Manfred (o.J.), Gabler Wirtschaftslexikon, online abgerufen am 27.11.2021 auf https://wirtschaftslexikon.gabler.de/definition/marketing-39435

Schuster, Barbara (2020), Disney richtet Konzernstruktur auf Streaming aus, Blick-punktfilm, online abgerufen am 05.12.2021 auf https://beta.blickpunktfilm.de/de-tails/454615

Sjurts, Insa (o.J.) Windowing, Wirtschaftslexicon Gabler, online, abgerufen am 04.12.2021 auf https://wirtschaftslexikon.gabler.de/definition/windowing-52640

Weidenbach, Bernhard (2021a), Anzahl der Mitarbeiter der Walt Disney Company in den Geschäftsjahren 2009 bis 2020, Statista, online, abgerufen am 04.12.2021 auf https://de.statista.com/statistik/daten/studie/318400/umfrage/mitarbeiter-der-walt-dis-ney-company/

Weidenbach, Bernhard (2021b), Statistiken zur Walt Disney Company, Statista, online, abgerufen am 04.12.2021 auf https://de.statista.com/themen/253/disney/#dossier-Keyfigures

Williams, Alex (2019), Walt Disney Company Marketing Mix (4Ps) Analysis, Panmore, online, abgerufen am 04.12.2021 auf http://panmore.com/walt-disney-company-mar-keting-mix-4ps-analysis